Umgestülpter Humor

BARUCH BERLINER

Illustrator: Elhanan Ben Uri

UMGESTÜLPTER HUMOR

Baruch Berliner

Bibliografische Information der Deutschen Nationalbibliothek
Die Deutsche Nationalbibliothek verzeichnet diese Publikation in der
Deutschen Nationalbibliografie; detaillierte bibliografische Daten sind
im Internet über http://dnb.d-nb.de abrufbar.
Eine Marke der Frieling & Huffmann GmbH & Co. KG
Tel. + 49 – 30 – 766 999 – 0
www.frieling.de

Umschlaggestaltung: Michael Beautemps
1. Auflage 2020

ISBN 978-3-8280-3537-9
Printed in Germany

Das Buch ist meiner lieben Frau Ruhama gewidmet.
Ich danke herzlich dem Illustrator Elhanan Ben Uri
für seine herrlichen Karikaturen.

Ich möchte meinen Dank meinen lieben
Freunden Michael Baumbach und
Sigalit Shar'abi aussprechen.

Inhalt

UMGESTÜLPTER
HUMOR

Im Hotel

Ich quartierte mich ein in einem Hotel auf dem Land,
nicht sehr nah, aber auch nicht zu fern vom Strand.
Das Hotel sah nett aus, es lag im Schatten,
ich war froh, dass sie noch ein Zimmer hatten.
Ich bezog das Zimmer mit frohem Gesang,
aus der Toilette wehte mir entgegen Gestank.
Ich sah ein Rinnsal im Aborte fließen,
die Toilettentür ließ sich nicht schließen.
Das Rinnsal umspülte sachte Felsen von Fäkalien,
meines Vorgängers mir vermachte Naturalien.
Beim Händewaschen reagierte der Wasserhahn mit
    teuflischem Knurren,
es kamen ein paar Tröpfchen, dann eine
    Wasserexplosion und ein trockenes Surren.
Während ich meine Kleider abwischte,
explodierte der Wasserhahn erneut und zischte.
Unter der Dusche ließ sich das Wasser nicht richtig
    einstellen
und verbrannte mich in heißen und sehr kalten
    Wellen.

Es war nun Zeit, aus dem Badezimmer zu gehen
und sich das liebliche Zimmer anzusehen.
Da die Luft abgestanden war, begab ich mich zum
    Fenster in der südlichen Wand,
der Fenstergriff blieb mir in der Hand.
Die heruntergelassene Jalousie streikte und ließ keinen
    Schimmer
von Tageslicht in das beklemmende Zimmer.
Hart wie eine Pritsche war das Bett und zu
    meinem „Entzücken"
schmal und krumm wie ein Katzenrücken.
Vom Schrank waren die Knäufe abgerissen,
beim Öffnen habe ich mir einen Finger zerschlissen.

Die Klimaanlage war auf „kalt" eingestellt, ich fror,
sie war nicht abzustellen, ich merkte, dass ich die
Geduld verlor.
Drum floh ich aus dem „gemütlichen Zimmer"
und „netten Hotel" in die Hitze,
um Luft zu schnappen, das Meer zu sehen, ich friere,
ich schwitze.
Ich huste schon, erkälte mich immer stärker
und verfluche diesen teuren Kerker.

Frankfurt, 26.11.1984

Eine Geschichte über Alter und Relativität

Die Nachbarin erzählte mir
mit Altjungfernzier:
„Ich traf eine sehr alte Dame
im ‚Sprüngli' bei Kaffee und Sahne.
Die Dame war nicht mehr mobil
und sah auch nicht sehr viel,
denn sie zählte hundert Jahre,
gepflegt waren Kleidung und Haare.
Es ist schön so jung zu scheinen, so lang' zu leben,
ich hätt' ihr kaum achtundneunzig gegeben."

Zürich, 15.02.1988

Die Demokratzen fordern ihre Rechte

Die Republikaner schmatzen,
die Liberalen patzen,
die Linken schwatzen
und die Rechten brandschatzen,
so dürfen wir Demokratzen,
wenn nicht platzen,
doch wenigstens kratzen.

Zürich, 19.06.1987

Der schlaue Bauer

Im Krankenbett lag ein reicher Bauer
und beobachtete mit Schauer
die lückenlose Erbenmauer,
schon ganz eingestellt auf Trauer,
ständig in geheimer Lauer
auf sein Sterben in kurzer Dauer.

Doch sein Zukunftshimmel wurde blauer
und er beobachtete immer schlauer
und erfrischend genauer,
wie die Erben wurden grauer
und mit seiner Genesung verhalten sauer.

Zürich, 25.02.1983

Mammonwirkung

Er war senil
und ziemlich skurril.
Verhielt er sich kurios,
war er famos, grandios.
Fing er an zu spinnen,
sprach man von genialen Sinnen.
Lallte er speichelnd beschränkt,
pries man ihn intelligent.

Glotzte er unmündig,
war er hintergründig.
Eingeweihte wussten mit Verhalten
zu erklären dies Verhalten.
Seit seiner Erbschaft, er konnte es nicht fassen,
wollte man den Debilen nicht in Ruhe lassen.

Zürich, 07.01.1983

Die Glücklose

Sie hielt immer alles lose
und verlor so Lottolose
auch – mit Gewinnummern – die Glücklose.
Schuld waren Löcher in der Hose.
Es folgten Zirrhose, Paradentose.
Sie schluckte viel Glukose,
steckte ins Haar sich eine Rose,
stellte zum Küssen sich in Pose
und bekam mit eine Dose,
voll übel riechender, klebriger Sauce.
Sie wirkte auf sie wie 'ne Narkose,
von der sie erwachte mit 'ner Neurose.

London, 04.03.1983

Kochplagen

Er liebte seine zarte Braut,
die höchstens die Stimme erhebt halblaut,
die mit'nichten lügt oder klaut
und bei jeder Umarmung richtig auftaut.
Leider ging ihm ihre Kochkunst unter die Haut.
Sie hat jede Speise liebevoll versaut,
sein Magen knurrt und murrt und braut,
keines ihrer Gerichte war je verdaut,
obwohl er sie bis zur Erschöpfung zerkaut.
Zur Explosion kam es beim Kraut,
einer Schöpfung, mit der er nicht war vertraut,
die eine Kettenreaktion auslöste, ganz laut.

Zürich, 01.06.1983

Die steuerreduzierende Ehefrau

Seine Frau war geistreich, kompetent,
doch ihre Beisteuer war inexistent.
Dafür brachte sie mit viel Herz,
und, wenn Sie erlauben den Scherz,
war sie ihm besonders teuer,
denn sie befreite ihn von der Vermögenssteuer.

Zürich, 29.10.1985

Die Schwester

Drei Jahre Arbeit abverlangt,
Praktikum, Prüfungen, Studium,
schließlich an das Ziel gelangt
mit Herzklopfen und Schweiß als Präludium.

„Endlich, endlich ist es so weit",
klopfte sich stolz auf die Schulter die Esther,
„nach schlaflosen Nächten, Zittern und Leid
hab' ich's Diplom und bin 'ne Schwester."
Lästige Gedanken kamen auf,
mitten im Fest, beim dritten Glas Wein.
Sie nahmen ihren beschwerlichen Lauf
und schränkten die Stimmung und Freude sehr ein.

„Wieso", frohlockten sie, „bist du so stolz,
wenn mit einem Bruder, glatt geschmiert wie Butter,
auch 'ne Frau mit 'nem Kopf aus Holz
nicht nur Schwester ist, sondern auch werden kann
'ne Mutter."

London, 08.04.1986

Aus dem Tagebuch eines Patienten

Mein Zahnfleischungeziefer
dringt in den Kiefer,
immer tiefer und tiefer.
Mein falsches Gebiss hängt immer schiefer.

Zürich, 13.07.1984

Meine Heimatstadt – ein Wintermärchen

Am Morgen Schnee, zum Abend Matsch,
Niederschlagskladderadatsch.
Fußgänger von Autos angespritzt, platsch,
Bruchlandung auf dem Allerwertesten, tatsch,
das ist der Zürcher Winterquatsch.

Zürich, 24.01.1985

Wo steckt sie bloß?

Der Monat April macht, was er will,
und so legte er die Sonne still.
Doch auch im schönen Monat Mai,
keine Sonne zu sehen, nur Brei.
Im Monat Juni ebenfalls Gewimmer,
denn die Sonne bleibt verborgen, noch immer,
oder versteckt sie sich gar nicht voller Gebaren,
sondern ist einfach nach Israel in die Ferien gefahren?

Zürich, 10.06.1987

Der kranke Dollar

Meine Bank meint blank,
der Dollar sei krank.
Er ist zwar in Behandlung,
doch in Sicht ist keine Wandlung.
Seine Schwäche sei motorisch,
seine Anfälligkeit notorisch.
Es gäbe zurzeit keine Zentralbankspritzen,
die wirklich wirken und sitzen.
Je mehr sich Spezialisten um den Dollar kümmern,
umso mehr sehen wir ihn verkümmern.
Doch den Dollar wird niemand erben,
denn er wird nicht – weil er darf nicht – sterben.

Alptraum

Was hat der Dentist nur getan,
ich glaub', er zog mir 'nen Zahn
heraus mit einem rost'gen Kran,
betupfte das Loch mit Lebertran,
überließ mich meinem schmerz'gen Wahn
und meinem Gesang von einem Schwan.

Zürich, 23.04.1984

Allerlei

Er erlebte allerlei
in der Periode der Liebelei,
der unvergesslichen Lorelei.
Später hatte er keinerlei
Gefühle, alles war ihm einerlei.
Seine Arbeit wurde eine Hudelei
und entartete in eine Sudelei.
Sein Kopf wurde ein rohes Ei,
er gründete 'nen erfolgreichen Liebesverleih.

Zürich, 27.07.1983

Der Schmutzfink

Kaum saß er vor dem Gedeck,
fummelte er mit dem Besteck
und beförderte provokativ und keck
auf das Hemd ganze Würfel von Speck.
Er lief von der jammernden Mutter weg,
schwang beim nächsten Spielplatz am Reck
und landete vollauf gezielt im Dreck.
Er jauchzte: „Welch ein schöner, runder Fleck".

Tel Aviv, 19.04.1983

Die Seance

Die exzessive Seance
versetzte ihn in Trance.
Er hat seither keine Resistance
und auch keine Chance,
zurückzufinden zur Balance.

Zürich, 30.09.1984

Die Auszeichnung

Es traten in Allianz
Arroganz und Extravaganz,
Ignoranz und Intoleranz
und bezierten die oberste Instanz
mit einem Lorbeerkranz.

Zürich, 06.11.1984

Animalisierung

Er hat mit großer Kunst
ergattert ihre Gunst.
In der Schwebe zwischen Dunst
und animalisch hauchender Brunst
liegt er seither flach und grunzt.

Zürich, 19.10.1983

Unsere Matrone

In unserem Haushalt herrscht 'ne Matrone;
sie hält sich für der Familie glitzernde Krone
und ihre Tochter grad für eine Bohne,
ganz zu schweigen von mir, ihrem Sohne,
auf dem sie auffährt wie ein Panzer mit 'ner Kanone,
doch beschimpft sie mich nur mit 'ner Platzpatrone.

Porto Ronco, 01.09.1985

Traum und Wirklichkeit

Das Leben scheint ihm fade,
sich weiterschleichend wie 'ne Made.
Er flüchtet sich ins Traumgestade.
Dort trägt er die Fackel zur Olympiade
vor einer jubelnden Myriade.
Nach dem Ausfluss einer Tirade
lässt er walten Gnade.
Beim Aufstieg auf dem Ruhmespfade,
beim Erhalt der Krone aus Jade,
steht er voller Stolz ganz gerade –
fällt vom Sofa, ach wie schade,
und verletzt sich eine Wade.

Zürich, 29.07.1983

Das Kräuterernährungs-
phänomen

Neueste Meldung der Agentur Reuter:
„Aus einer Nahrung voller Kräuter
entwickelten sich bei Frau Teuter
ungewöhnlich dicke Häuter
und wie vorausgesagt vom Deuter –
statt einem Busen ein Euter."

Hirschthal, 13.02.1987

Die Waagen

Die Knöpfe sind geplatzt am Kragen,
angeschwollen sind Bauch und Magen,
der Anblick ist kaum noch zu ertragen.
Es ist nicht zu glauben, nicht zu sagen,
man müsste sie verprügeln, schlagen,
fährt sie doch tatsächlich fort zu nagen
an Marzipan, Karamell und Schokoladen.
Sie muss in ihrer Nähe verzagen
und kann sie nicht aus den Gedanken verjagen,
sie kann sich nicht in ihre Nähe mehr wagen,
in die Nähe dieser abscheulichen Plagen,
die man so harmlos zu nennen pflegt „Waagen".

Zürich, 08.02.1983

Achtung Kalorien

Sei ein Kalorienopponent,
denn isst du zu opulent
wirst du korpulent,
ein beleibter Konsument;
dein Bauch wird ein Ornament,
deine Speckwulst ein Monument.

Zürich, 01.09.1984

Die lahme Ente

Sehr geehrte Dame,
Sie sind eine Lahme,
eine Ente ohne Federn,
ihre Haut ist ledern.
Ich habe schon notiert,
Ihr Herz ist voll blockiert,
Ihr Verstand am Verwesen,
versuchen Sie wenigstens etwas zu lesen;
sonst können Sie nicht genesen,
nur weiterleben wie gewesen.

Ra'anana, 21.03.2012

Depressionsursachen

Depressiv wurde die Frau,
denn ihre Haare wurden grau.
Der Psychiater empfahl ihren Persönlichkeitsscherben,
die Haare einfach zu färben.
Sie ging zum Coiffeur im Abendkleid,
aus zeitlichem Mangel und Eitelkeit.
Am Ball merkte sie, dass der nervöse Friseur
ihr Haar zwar färbte, doch das Kleid noch mehr.
Sie hatte wenig Glück,
die Depressionen kehrten zurück,
denn die Farbe auf den Haaren verging,
nicht aber auf dem Kleid, an dem sie hing.

Zürich, 15.01.1985

Die Stolze

Sie war hässlich,
besaß aber ihren Stolz,
der niemals schmolz,
denn sie war eine Vogelscheuche aus Holz.

Berlin, 14.09.1984

Mein verlorenes „Ich"

Ich habe mein „Ich" verlegt,
hab' es heute verloren,
ich such' es unentwegt
und komm' dabei nicht weg - ungeschoren.
Da ich nicht bin,
bin ich kahl,
ich bin leer, nichts ist drin,
ich habe keine Wahl.
Ich hab' 'ne großartige Idee,
denn es verblieb mir mein Schatten.
Jetzt such' ich seine Näh,
vielleicht kann ich mit ihm
bald plappern und schnattern.

Ullis Problem

Voller Wonne
sprang Ulli auf seine Frau, die Fromme,
ihr Körperfett 'ne viertel Tonne,
doch kurz strahlte für ihn nur die Sonne
im Schatten der giftigen „Nonne".

Zürich, 24.04.1984

Spieglein, Spieglein in der Hand

Sie lief von Geschäft zu Geschäft, einen Spiegel zu kaufen,
ihre Krampfadern platzten fast vom ständigen Laufen.
Von Anbeginn war ihr Unterfangen,
zu einem befriedigenden Spiegel zu gelangen,
zum Misslingen verurteilt – auch wenn
sie sich nur im Profil anblickte, denn,
der Rahmen mochte ihr noch so gefallen,
das Innere war immer hässlich, zerfallen.

Zürich, 31.10.1983

Das Schicksal

Sie begann an ihm zu zupfen
und versuchte ihn zu rupfen.
Er musste nach ihrem Willen hüpfen
und versuchte seiner Folter zu entschlüpfen.
Schließlich bekam er den Schnupfen,
zusammen mit ihren Pockentupfen.

Zürich, 21.05.1983

Alle Achtung

Sie war voller Kleckse,
Bewunderer meinten, sie sei eine Pittoreske.
Ihre verschiedenen Gesichtsgewächse
bildeten eine originelle Freske.
Sie war ähnlich einer Hexe
und erinnerte an eine Burleske.
Fern jeder Minderwertigkeitskomplexe
unterstrich sie zu ihrem Aussehen noch das Groteske.

Zürich, 16.06.1983

Von gegensätzlichen Drachen

Er verband sich mit ihr in allen Sachen,
denn sie hatte ein so charmantes Lachen.
Er überwand seine inneren Bremsen und Wachen.
Die Beziehung begann alsbald zu krachen.
Sie entpuppte sich als Drachen
mit habgierigem, alles verschlingendem Rachen.
Sie konnte mit ihm nicht alles machen.
Er gehörte zu den Verblendeten und Sachten,
nicht aber zu den gesteuerten Schwachen.
Seine nächste Frau war äußerlich ein Drachen
mit einem übelriechenden, schiefen Rachen.
Sie verstand ihn unauffällig zu überwachen,
ihn abzuschirmen vor üblen Sachen
und brachte ihn wieder zu herzhaftem Lachen.

Zürich, 25.05.1984

Die Harmonie

Wie ein umgestülpter Topf
sitzt der Hut auf ihrem Kopf.
Hinten pendelt der graue Zopf,
vorne das Doppelkinn mit Kropf.
Im Gleichklang bewegen sie sich
in perfekter Harmonie
und entziehen sich jeder Monotonie.

Zürich, 06.01.1984

Der Tänzer

Hans ist eine menschliche Gans.
Auf der Tanzfläche zeigt er Glanz
und wirbelt voller Energie und Eleganz
von dem einen zum anderen Tanz.
Oben hat er es zwar nicht ganz,
doch beim Tanz hält er Balance
mit Hilfe vom schwingenden Wanst.

Zürich, 27.04.1984

Die Offenbarung

Als sein Bauch wieder mal Geräusche gebar,
wurde er plötzlich einer Begabung gewahr;
er konnte sie gestalten und formen gar,
zu Silben, zu Worten, verständlich und klar.
Die Bauchkommunikation stellte 'ne Kunst dar,
die über Nacht gesucht, gefragt war.
Sie hatte Seltenheitswert, sie war gar – rar.
Plötzlich war alles erleuchtet und wahr,
die Offenbarung seiner Bestimmung klar,
er wurde der große Bauchrednerstar.

Zürich, 30.01.1983

Ungewissheit

Auf dem Körper gediehen Gewächse,
in die Lücken wuchsen Kleckse.
War sie eine verwachsene Eidechse
oder eine furchterregende Hexe?
Vielleicht war sie ein Er,
natürlich ohne Gewähr.

Zürich, 29.05.1983

Schwere Zeiten für Theken

Zum Jahressaufen traten zusammen die Theken
mit spärlich klingenden Moneten.
Zum Sichbetrinken hatten sie allen Grund,
zeigte die Zeit ihnen doch ihren Schlund.
Die Diskothek wusste zu berichten,
sie müsse Fronarbeit verrichten.
Man habe für sie einen schreienden Jockey erworben,
sie sei daher schwerhörig, fast verstorben.
Staub setze sich auf sie ab als Sakrileg,
klagte schwer schnaubend die Kartothek.
Kinder seien jetzt so altklug, seufzte die Videothek,
das Desinteresse an ihr sei dafür ein Beleg.
Dem Seufzer schlossen sich an Bibliothek und Photothek,
die ihr Dasein verdankten dem Privileg,
auf der Suche nach einem neuen Lebensweg
zählen zu können auf 'ne Hypothek.
Mit dem besten Rezept trat hervor die Apotheke,
mit gehobenem Glase hinter der Theke.

Hirschthal, 19.08.1985

Der Verurteilte und
der Operierte

Eine wieder zu Gefängnis verurteilte Verbrecherperson
und ein Patient nach einer Hämorrhoidenoperation
haben eine Gemeinsamkeit fern in den Sternen;
sie müssen wieder sitzen lernen.

Die Zielscheiben

Lieber anspucken als sich anspucken lassen,
ist die Ansicht der Massen,
aber auch das Motto
vom sonst so lieben Otto.
Lieber angespuckt werden als anspucken,
ohne mit der Wimper zu zucken,
meinen Humanitätsfanatiker ohne Gehör
und schieben das Kamel durch ein Nadelöhr.
Sind auch die wenigen Bespuckt-werden- Wollenden
    zum Empfang der Spucke bereit,
so beobachte ich Bespuckte doch weit und breit,
denn die von oben nach unten Spuckenden
    brauchen Ziele,
und menschliche Zielscheiben gibt es viele.

Zürich, 29.10.1986

Spucke wider Speichel

Die Spucke sprach zum Speichel: „Schau,
wie ich mich aus dem Munde trau,
ich verbleibe nicht hier trüb und grau,
sondern suche die Frische und werde wie Tau."
Aus seinen vertrauten Mundhöhlenritzen
sah der Speichel die Spucke blitzen,
auf Aschenbecher landen, sitzen,
sich in glühender Asche in Qualen erhitzen
und die Abenteuer verfluchen beim Schwitzen.

Zürich, 04.02.1984

Verschwenderische Überlegungen

Da sprach die Verschwendung zum Geiz:
„Du bist für mich voller Reiz.
Du bist nicht nur sparsam,
sondern hältst das Geld auch in Gewahrsam.
Ich kann nur eines nicht begreifen,
das Geld kann bei mir nicht reifen,
es fließt unentwegt von mir heraus,
ich trockne dennoch niemals aus.
Es fließt zu dir herein
und du, lieber Geiz, bleibst trotzdem immer klein.“

Zürich, 10.02.1985

Kurzfristige Täuschung

Erschreckte mich ein „Muh"?
Nein es war nicht 'ne Kuh,
ich erkannte einen Schuh.
Es war mir klar im Nu,
die Sensation war ein Clou,
das „Muh" war eigentlich ein „Buh"
und die vermeintliche Kuh – warst Du.

Zürich, 04.06.1983

Brauengebräu

Früh, im Morgengrauen,
erfasste ihn das Grauen.
Konnt' er seinen Augen trauen?
Im Spiegel sah er seine Brauen
sich zum Gewitter zusammenbrauen.

Zürich, 27.03.1984

Achtung, Magie!

Voller Gier
kaufte der Kavalier,
vermeintlich ganz billig am Pier,
der Schönheit einen Saphir
und überreichte ihn ihr
in perfekter Manier.
Die Schönheit aus dem Quartier
übernahm dankend das Souvenir.
Der Saphir stammte von einem Magier
und erwies sich später als Schmirgelpapier.

Zürich, 07.12.1984

Heikel

Bubi stellte Knubi Strubi vor,
das störte Strubi, denn Strubi war ein Tor.
Bubi hätte Strubi Knubi vorstellen sollen,
dann würde Strubi nicht grollen,
denn Strubi war eingebildet, eitel,
mit anderen Worten, äußerst heikel.
Strubi brach die Freundschaft ab deswegen,
für Bubi war das ein ungeahnter Segen.

Zürich, 08.10.1984

Zugerichtetes Deutsch

Deutsch ist eine Sprache zum Weinen.
Kann ich denn Teresa abhängen,
wenn sie bittet, sich bei mir aufzuhängen
und zärtlich ihren Arm legt in meinen?
Ihr Deutsch knickt mich nieder.
Um mich aufzurichten,
verspricht sie, mich abzurichten
und streichelt meine Lider und Glieder.
Ist es beglückend?
Sie verschwindet, um sich herzurichten,
wenn sie verspricht, sich hinzurichten,
und erscheint dann ganz entzückend.
Teresa ließ mir ausrichten,
sie wolle mich zurichten;
ich glaube, sie will sich bei mir einrichten,
doch muss ich sie erst Deutsch unterrichten.

Zürich, 22.09.1985

Missratener Jux

Scharf beobachtend wie ein Luchs,

mit der Schläue von einem Fuchs,

erleichterte er, eher als Jux,

die hochnäsige Dame ihres Schmucks,

gab ihn ab wegen äußeren Drucks

und landete im Gefängnis schweren Schlucks.

Zürich, 29.07.1983

Langeweile

Ich freute mich auf den Brief.
Ihre Schrift war so reizend schief.
Unerwartet verlief
die Lektüre, denn ich schlief
sehr bald ein ganz gründlich und tief.

Lauenen, 28.12.1984

Ratschlag eines Heiratsvermittlers

Miss, bauen Sie lieber keinen Mist,
ein Mister ist nichts Mysteriöses;
versuchen Sie's lieber mit List,
als wären Sie etwas Seriöses.

Zürich, 03.03.1988

Minnegesang

Zerzaust, behaart wie eine Spinne,
als säße er auf einer Zinne,
fauchte er sie an, sie dachte, es gerinne
jeder Bluttropfen in jeder Aderrinne;
dabei hatte er nur im Sinne,
ihr vorzusingen ein Lied der Minne.

Brunnen, 25.05.1983

Gift

Ein Geschenk lässt sich sprachlich variieren,
man kann an ihm auch Freude verspüren,
wenn man es in Englisch präsentiert als „gift".
Was die deutsche Sprache betrifft,
wundere man sich nicht,
wenn ein Gift-Geschenk auslöscht ein Licht.

Zürich, 02.08.1987

Altwerden ist schwer

Die Natur hat Frauen mit hoher Lebenserwartung
versehen,
sie lässt sie im Durchschnitt später als ihre männlichen
Kollegen sterben.
Ich kann dabei nur schwerlich verstehen,
wieso eitle Damen selten älter als 39 werden.

Zürich, 29.06.1987

Die Gesundheit im Ausverkauf

Seine Gesundheit stand im Jenseits im Ausverkauf.
Die Nase war sein Lebensknauf,
er schnappte mit ihr nach letztem Schnauf.
Da setzte aus sein Blutkreislauf
und er ging wohl oder übel doch noch drauf.

Zürich, 26.09.1984

Schicksal eines Schlemihls

Er geht in komischem Trotte,
wie im Eiertanz, antiflotte.
Er wollte dem Spotte
entgehen mit seiner Marotte
und landete als Motte
bei Fledermäusen in einer Grotte.

Zürich, 30.05.1984

Scheideweg

Sie verschieden ganz verschieden.
Haben die einen sich freiwillig zum Hinschied
    entschieden,
war anderen unfreiwillig Unheilbarkeit beschieden.
Einige waren lebendig, als sie vom Diesseits schieden,
andere schon zu Lebzeiten depressiv, vom Leben
    geschieden.
Sind sie drüben homogener, sich näher, als sie es
    waren hienieden?

Zürich, 26.10.1983

Gedanken über Schlangen

Schlangen haben ein weibliches Geschlecht,
das gibt uns aber noch lange nicht das Recht,
Frauen Schlangen zu nennen; es sei denn, die Gründe
  seien triftig
und die so benannten Frauen wirklich giftig.
Die Bezeichnung ist selbst dann noch nicht richtig.
Es besteht noch ein Unterschied, auffallend und
  wichtig.
Die Reptilienschlangen kriechen nach allen Seiten,
während Weiberschlangen auf ihren Männern reiten.
Auf Frauen angewandt, gerät die Schlange
in eine linguistische Zange.
Sie ist eine Schlange, will heißen, sie sei giftig, fürwahr,
stellt aber kein kriechendes Reptilium dar.
Die Verbundenheit von Eva mit der Schlange ist schon
  von Alters her dokumentiert,
wenngleich sie zur Zeit nur dahinvegetiert.
Die Schlange wird missbraucht, quasi im Stehn,
zur Beschreibung von einem Wartephänomen.

Schlange stehen ist der Inbegriff von Massendisziplin,
eine alte Kreation von einem englischen Spleen.
Die Schlange bekommt einen Graus
von solch einem linguistischen Schlangenschmaus.

Iguaçu, 15.11.1984

DUNKLE REIME

Die ewige Totenwache

Eingehüllt im Leichentuch
liegt der Weisheit letzter Spruch.
Totenwache hält in Runzeln
unsterbliche Dummheit, mit schiefem Schmunzeln.

Zürich, 19.11.1986

Das Stelldichein

Es trafen sich Gräbergraber,
Leichentreiber, Leichentraber
zum Stelldichein mit Frischkadaver,
zum geisterstündlichen Palaver.
Der Hof des Friedens war makaber.

Zürich, 15.10.1983

Geschunden

Er suchte die Freiheit, gerissen,
und wurde von ihr zerrissen.
Er fand sich nicht zurecht,
das Leben war ihm nicht gerecht,
er fand sich unglücklich gebunden,
von Mitmenschen angestachelt, zerschlissen,
geschunden.

Die irritierende Zier

Menschlich ist am Menschen das Essen –
statt dem Fressen.
Das Tier tötet zu seinem Lebenserhalt,
der Mensch oft aus Lust an Gewalt.
Das Tier findet Spaß am Poltern,
der Mensch aber erlabt sich am Foltern.
Ziehe ich alle Faktoren herbei,
komme ich nicht an der Erkenntnis vorbei,
das Wort „menschlich" sei eine irritierende Zier,
denn menschlicher als der Mensch ist das Tier.

Zürich, 19.02.1987

Generationswechsel

Aus tiefem Grunde
steigt die Alterswunde,
aus Herzen und aus Lunge,
auf zur schlappen Zunge.
Für Menschen wie für Hunde
kommt die Übergangsrunde
zwischen letzter und erster Stunde,
zwischen klaffendem und kläffendem Munde.

Zürich, 31.05.1984

Nebenbei

Ach übrigens, hab ich es schon erwähnt,
meine Verflossene hat immer getränt.
In Tränen aufgelöst meinte sie aber mit'nichten,
solche Behauptungen seien dumme Geschichten.
Auflösungserscheinungen waren niemals zu sichten –
und überhaupt soll man nicht über andere richten.
Meine Verflossene ist einfach in Tränen versunken,
ich hört' sie noch blubbern, dann war sie ertrunken.

Zürich, 07.03.1984

Makabres

Sie pflegte sorgfältig das Makabrieren,
ohne je zu selektieren.
Sie liebte zur Geisterstunde zu zelebrieren,
schwärmte von Frankensteins Nieren,
von Draculas stummem Stieren
und vom Schleichen von Vampiren.
Es würd' sie interessieren,
eine Leiche zu beschmieren
und dann sie gründlich zu sezieren.
Sie liebte sich mit Viren
geistig zu infizieren.

Zürich, 16.12.1982

HUMOR
UND GESELLSCHAFT

Wir, die verschmutzten Verschmutzer

Wir werden wie Vieh gemästet,
unser Übergewicht ist redlich,
die Luft ist ganz verpestet,
das Atmen ziemlich schädlich.

Wir saufen, wir rauchen,
das ist nicht gesund,
ob wir seufzen oder fauchen,
zur Besorgnis gibt es jeden Grund.

Ein Pressluftbohrer knallt,
Krach, Getöse ringsherum,
da jeder Protest verhallt,
verbleiben wir taub und stumm.

Umweltverschmutzung überall,
Bakterien, Verstrahlung, Asbest,
ein weiterer Knall aus dem Überschall
versetzt unsern Nerven den Rest.

Unsere Lunge wird mit Schmutz gefüllt,
unser Durst quecksilbrig gestillt.
Eine Glocke Smog hat uns umhüllt,
sind wir Widerstand zu leisten gewillt?

Zürich, 08.12.1987

Nicht ganz noble Zweifel

Ist es Zufall, dass Noblesse
so wunderbar sich reimt auf Fresse?
Der Zufall mag mitgespielt haben,
doch unterschwellig hör' ich sagen,
die Fresse der Noblesse sei mit Manieren überdeckt,
ansonsten aber recht verdreckt.

Zürich, 05.06.1987

Eine Gschicht zum Weinen

Der Winzerschutzherr Kilian verleiht uns etwas Feines
(aus einem deutschen Volklied)

Wir Österreicher
sind an Erfahrung wieder reicher.
Wir sind a bisserl kindisch, no was is scho-' dabei,
wenn wir a bisserl rumpantschen mit Getränkeallerlei,
und, um die lieben Trinker aufzutauen,
a ganz klei-' wenig Frostschutz – mit Alkohol
    zusammenbrauen.
Das nutzen aus Journalistengurken
in der Zeit der sauren Schurken
und machen die Gschicht mit den Weinen
zu einer Gschicht zum Heulen und Weinen.

Zürich, 01.08.1985

Eine Dame von Welt

Sie hielt sich für eine Dame von Welt, oh je,
für eine moderne Rahel Varnhagen, ach nee.
Sie glaubte an Glück durch Vierblattklee
und schwatzte in einer Landschaft von Cloisonné –
von Feininger, Hopper und Paul Klee.
Sie servierte bittergrünen Tee
mit tiefgeschnitt' nem Dekolleté
und schwebte mit der Sicherheit einer Koryphäe
von Gast zu Gast als zarte Fee
mit der Wirkung von 'nem ausgetrockneten
Geisha-Klischee.

Zürich, 01.04.1983

Gäste

Lilli und Willy freuten sich überaus
auf das neu gekaufte, schöne Haus.
Lilli konnte kaum warten
auf die Bepflanzung von ihrem Garten.
Willys Verhältnisse waren ständig gediehen,
jetzt konnte er Geräumigkeit beziehen.
Als der erste Verwandte
seinen Besuch ihnen spendet,
sind die beiden vor Freude geblendet.
Da sie ihre Gastfreundschaft betonen,
bleibt er lang in ihrem „Gasthaus" wohnen.
Doch er bleibt nicht allein,
die nächsten Gäste tröpfeln ein.
Sie alle lassen sich gerne bedienen
und zeigen durchaus zufried'ne Mienen.
Das neue Haus wird zur Folter
unter dem Gästegepolter.

Mit ihren Nerven am Ende,
beschließen Lilli und Willy die Wende.
Sie nehmen Urlaub von Arbeit und Gästen
und fahren ab in den wilden Westen.

Rom, 26.06.1987

Abwechslung

Er wohnte in einer interessanten Kolonie.
Der Nachbar links klagte ewig über sein Knie,
der rechts war besessen auf Polyphonie.
Über ihm wohnte ein Meister der Kleptomanie,
er fand daher seine Sachen nie.
Als unter ihm der Meister der Pyromanie
das Haus in Brand steckte, freute er sich mit Ironie
über die hoffentlich bevorstehende Monotonie.

Tel Aviv, 15.04.1983

Die Grillparty

Verrunzelt, gegerbt, unausgegoren,
liegen im Strandbad Gestrandete und schmoren
und schwitzen und dampfen durch glitzernde Poren.
Mit dem Ausdruck schlafender Kühe
verwandeln sie sich mit Mühe
in eine siedende, kraftlose Brühe.

Abgeschält, aneinandergereiht,
faulen Sonnenanbeter, dem Hitzschlag geweiht,
in einer Grillparty, die sie röstet und ihnen Rostfarb'
verleiht.

Zürich, 24.07.1985

Kennst du das Land ...

Kennst du das Land, wo die Zitronen glühn?
Kennst du das Land, wo die schönen Bohnen blühn?
Du musst dich nicht weit weg bemühn.
Schau dich um, und du wirst erspüren,
wie Bohnen um dich herumstolzieren,
Zitronen ringsherumspazieren.
Und Hand aufs Herz, ist es ganz ohne,
zu behaupten, deine Frau sei 'ne Bohne
und dazu vielleicht noch 'ne Zitrone?

Zürich, 03.04.1986

Draußen vor der Tür

Die vornehme Gesellschaft fand sich zur Party ein
und beschwipste sich mit altem Wein.
Draußen vor der Tür fand grotesk,
aber ganz und gar nicht borchert – kafkaesk
eine extravagante Party statt für viele,
exklusive Automobile.
Die großen Namen aus Blech
beschnupperten sich frech.
Es war eine wahre Modenschau.

Dem Mercedes-Benz in azurem Blau,
dem Bentley in vornehmem Grau,
folgten Aston Martins im Stau
und die Italiener, diese Akrobati,
waren schick vertreten durch Angeberati
wie Ferrari und Maserati.

Buenos Aires, 18.11.1984

Ein Silvesterabend der Gesellschaft

Die Gesellschaft erwies sich die Reverenz.
Sie vertrat mit großer Vehemenz
und sich hochschaukelnder Effizienz
ein großes Potential geistiger Impotenz.
Schon am frühen Abend spielte sich in Kohärenz
Oberflächlichkeit ein und thematische Insuffizienz.
Später führten mit flimmender Fluoreszenz
und garantierter Klatschspaltenkompetenz
Gesellschaftslöwen vor – Dekadenz nach Dekadenz
und gaben mit viel Kredenz Präferenz
und Ehre dem Moloch der Ineffizienz.

St. Moritz, 01.01.1983

Wehe

Ehe du trittst in die Ehe,
bleibe wachsam und sehe,
vertrittst du dich nämlich ehe ...
dann trenne dich und gehe;
bist du aber in der Ehe
und hast dich verstaucht, dann flehe ...

Zürich, 19.02.1987

HUMOR
UND ICH

Verwandtschaftsphänomen

Mit'nichten geh ich aus auf Nichten,
ich erfüll' nur meine Onkelspflichten.
Ihren Töchtern gelten meine schlichten,
fesselnden Geschichten.
Ich will sie bedichten,
sie unterrichten,
Dienstleistungen verrichten.
Ich kann auf sie einfach nicht verzichten.

Zürich, 08.12.1984

Fehlgegangen

Mein Chef wollte seine Popularität testen,
er hoffte, es stehe mit ihr zum Besten.
Er hat mir daher befohlen,
ihn öffentlich und unverhohlen
zu verkohlen und versohlen.
Das Experiment war danebengegangen,
das Blut stieg ihm in die Wangen;
er vertrug nicht Spott und Hohn
und gab mir als würdigen Lohn
mit dem nächsten, unbedachten Schritt
aus der Firma einen Tritt.

Zürich, 12.02.1985

Das Gipsbein

Man konnte nicht weit gucken,
die Skier kreuzten sich im Schnee.
Preußisch gestreckt, ohne zu zucken,
fiel ich vornüber und tat mir weh.
Ich blieb liegen ohne aufzumucken.
Ein Schlitten kam endlich, doch oh je,
die Röntgenbilder zeigten 'nen schmucken
Schienbeinbruch mit Spiralendreh.
Mein Körper musste Blut spucken,
doch zusammengenagelt im Gipsgebläh,
wage ich, ohne mich zu ducken,
den ersten Schrittversuch, ich geh'!
Tausend Tentakel kratzen und jucken
unter dem Gipsschraubstock, ich seh',
Freunde wollen draußen Gipsliebchen drucken,
während ich drinnen vor Juckreiz vergeh'.
Wie lange kann ich diese Qual noch schlucken!
„Geduld", sagt der Arzt, ich hauche: „Versteh'".

13.07.1982

Das Loch

Meine linke große Zehe
meint, dass man sie gerne sehe.
Sie ist stur und eigenwillig
und für mich nicht billig.
Zum Glück hat das Schicksal mich nicht versehen
mit weiteren solchen bösen Zehen.
Die linke große Zehe hat gern zu frohlocken,
nachdem sie durchgestochen einen neuen Socken.
Ihren Nagel behält sie spitz,
durchsticht jeden Socken wie'n Blitz
und winkt mir verschmitzt dann durchs Loch,
durch das sie soeben kroch.

Celerina, 27.01.1988

Bei Freunden

Ich lag auf ausgezogenem Sofa bei Freunden zu Gast
und erfreute mich der langersehnten Rast.
Die Freude war aber nicht total,
etwas plagte mich dazumal.
Es war ein dummer Gedanke, ein Störenfried,
der lautlos mir vorsang folgendes Lied:
„Wie schön ist es doch, dein Haupt auf die Stelle zu
    legen,
wo sich sonst die Allerwertesten ein Stelldichein
    geben."

Zürich, 23.11.1986

Der Fernsehfan

Television schärft mein Gehirn
hinter meiner engen Stirn,
drum schaue ich sehr gern fern,
denn ich will so vieles *lern.*

Zürich, 06.05.1987

Der Gourmand

Nach dieser schweren Mahlzeit mit Wein
wag' ich mich nicht mehr auf die Waage.
Sie wird mir nicht mehr gewogen sein
in meiner so schweren Lage.

Der Radiergummi

Meine Frau ist eine Sentimentalkoryphäe,
der Verlust ihres Radiergummis tut ihr drum weh.
Seitdem sie ihn vor sechseinhalb Jahren von einem
    Freunde bekam,
hat er sich bestens mit ihr getan.
Er fühlte sich in ihren Fingern schmiegsam
und radierte tüchtig, wirksam.
Nun habe ich ihn gebraucht und verlegt
und werde verurteilt, unentwegt.
Meine Versprechen, ihn zu ersetzen,
vermögen sie nur zynisch verletzen,
denn ich habe noch nicht begriffen, letztlich,
dieser Radiergummi ist eben unersetzlich.
P.S.
Meine Frau gestand mir soeben mit bebender Stimme
    und gesenktem Kopf,
sie fand den Radiergummi in ihrem Lederetui, in der
    Küche, neben einem Topf.

Zürich, 12.01.1987

Der Mückenindianer

Auf einer Tropenreise ließ ich mich durch Mücken,
aufgeteilt nach Zonen und Stücken,
über den ganzen Körper von Stichen schmücken.
Die Röte der Stiche schlug Brücken,
sie hinterließ keinerlei Lücken.

Ich wurde ernannt zum Indianerhäuptling – dank
tropischen Tücken
und fand bei Kindern Entzücken.

Iguacu, 16.11.1984

Das Sonnenbad

Da ging ich frisch-fröhlich mich sonnen,
die Sonnencrème auf meiner Haut war geronnen.
Die Laune war ganz hochgehoben,
die Brille auf die Nasenspitze vorgeschoben.
Ich legte mich gemütlich ins Gras
und wurde der Moskitos Fraß.
Besonders attraktiv schien es den Brämen,
mich am laufenden Band zu vergrämen.
Sie stachen mich nicht nur in flimmernder Glut,
sondern saugten zu ihrem Festmahl mein Blut.
Jubelnd begnadigten sie mich mit ihrem Stachelstift
und spritzten in mir ihren Speichel, ihr Gift.
Das Gras dachte, es müsse mich auch beglücken
und mich nicht vollständig überlassen den Mücken.
Es hob seinen Einfluss auf meine Nasenzellen empor
und rief den eingeschlafenen Heuschnupfen hervor.
Mein Nießanfall wurde zu einer Rarität,
an Dauer und Intensität, ohne Parität.
Die Augen brannten und schwollen an,
die Nase verstopfte sich und rann und rann.

Ich rieb mit der Rechten die Augen rot
und schlug mit der Linken die Brämen tot.

Ich kam zur Wiese von freudiger Erwartung besessen
und schwankte weg verschnupft, verjuckt und
angefressen.

Zürich, 17.07.1983

Der Wanst

Im Großen und Ganzen
breche ich Lanzen
für meinen stattlichen Wanst,
der unabhängig wackelt und tanzt.

Zürich, 21.07.1984

Der Stein

Der Weg war ganz fein geebnet,
listig lag auf ihm nur ein einz'ger Stein.
Ich bin mit besonderer Geschicklichkeit gesegnet
und brach an diesem Stein mein Bein.
Hätte ich den Stein gesucht,
hätt' ich ihn nie gefunden,
doch mein Instinkt, er sei verflucht,
hat mich an ihm geschunden.

Porto Ronco, 29.08.1985

Des Lausbuben Pläne

Wenn ich zu Tische schmatze
und mit vollem Munde schwatze,
in den Salat mit einem Satze
greife mit schmutz'ger Tatze
wie eine verwöhnte Katze
und den andern den Appetit noch nicht verpatze,
dann schneide ich eine Fratze
und beginne mit meinem Gekratze
an meiner glänzenden Glatze,
auf dass die Tischrunde zerplatze.

Zürich, 08.05.1984

Chinamemoiren aus 1978

Es geschah in Chinas Perle Kweilin,
die Kulturrevolution lag grad zerschmettert dahin.
Der Chinaboom begann mit großem Flair.
Ich zog in Kweilins Zoo kreuz und quer
auf der Suche nach dem Pandabär.
Als Symbol des WWF grad in,
zog es mich zu seinem Käfig hin,
obwohl ich ja nicht sensationslüstern bin.
Ich starrte ihn an und fand ihn sehr
plump, herzig, putzig und schwer.
Von Neugier angestachelt noch mehr,
bildeten viele Chinesen 'nen Halbkreis, worin –
der Brennpunkt ich gewesen bin.
Sie starrten mich an
und nicht etwa den Pandabären hinten dran.
Ich bot dem WWF daraufhin,
als gefährdete Spezies mit viel Sinn für Sinn,
mein Bild als Symbol an – mit gehobenem Kinn.

Zürich, 21.11.1982

Akzentitis

Er hat einen Kaugummiakzent,
den niemand versteht, so mancher erkennt.
Sein Akzent ist dick zum Schneiden,
doch hab ich kein Messer, so muss ich leiden.
Ich nickte eifrig, mit wachsendem Trend,
und erreichte den Zenit im falschen Moment.
Ich weiß noch heute nicht, weshalb
er mir so böse ist, ich Kalb.

Dakar, 07.11.1983

Die Höflichkeit als Beleidigung

Ich saß in der Straßenbahn,
Lateinlektionen repetierend in Gram.
Alle Sitze wurden allmählich belegt,
eine ältere Dame hat sich zu mir bewegt.
Sie stand neben mir auf schwachen Beinen,
ich fühlte eine Höflichkeit in mir keimen,
sprang auf, verwarf die lateinische Zeitvergeudung
und bot der Greisin meinen Platz an mit Verbeugung.
Die Dame reagierte heftig, ließ mich abblitzen,
sie sei noch nicht alt und brauche nicht zu sitzen.

Zürich, 04.03.1985

Die Krankenschwester –
des Kranken Schwester

Meine Schwester hat in der Hand das Ruder.
Ist sie krank, das Luder,
dann pfleg' ich sie als Krankenbruder.
Bin ich aber ihr kranker Bruder,
betupft sie sich mit Puder,
verkriecht sich in ihre Liebesnester
und nennt sich Krankenschwester –
denn sie ist eines Kranken Schwester.

Berlin, 14.09.1984

Die Brille

Das Leben ist schwer
und nicht immer fair.
Ich brauche meine Brille,
und sie sitzt stille,
ohne sich aus ihrem Versteck hervorzuheben,
um sich auf meine Nase zu begeben.

Berlin, 11.01.2012

Die Nervensäge

Kam ich müde heim und träge,
fing sie an zu zwitschern, rege,
als ob ihr alles daran läge,
dass ich in meinem Steingehege
mich fühle mit dieser Nervensäge,
als blättere sie ab meine Hirnbeläge.
Sie spielte Harfe, als bewege
sie meine Nervenzartbeschläge.
Zum Finale über Stege
renn' ich ab die Klinikwege
und darf endlich sein träge,
zum Empfang der Nervensäge.

25.07.1982

Die Waage

Jeden Tag eine Plage
ist das Aufsteigen auf die Waage.
Jede Gewichtsmessung wird eine Gala,
der Zeiger schwingt täglich weiter nach rechts auf der
    Skala,
die jedesmal mehr verdeckt wird durch einen Hauch
weiterer Erhebung von meinem Bauch.
Vorbeugen muss ich mich immer weiter,
wie ein galoppierender Reiter,
um noch, mit Zittern und Wehen,
die Zeigerspitze zu sehen.
Die Waage, dieser Diktator, gab mir heute Prügel,
ich fiel vornüber auf den bauchigen Hügel.

Zürich, 05.02.1985

Ferienprospekt

Zu Ananas, Bananen, Mango
ein tief wirbelnder Tango.
Ein Besuch vom Touristengringo
beim Seehund, Pinguin und Flamingo.
Ich scheue nichts Groteskes
und versinke in den Seiten des Prospektes.

Zürich, 03.07.1984

Fernsprechallergie

Sie ist eine Dame von Welt.
Ich heiratete sie und kam mir vor als Held.
Mein Leben schien aufgehellt.
Dann haben sich zu ihr ihre Telefonrechnungen
    gesellt.
Sie haben mich zunächst gekratzt, dann angebellt
und meine Haushaltsrechnungen angeschwellt.
Das pausenlos auftürmende Ferngesprächsentgelt
hat unsere Beziehung schließlich auf den Kopf gestellt.

St.Moritz, 25.12.1982

Fiktive Ersparnisse

Ich sparte und fühlte mich wohl.
Mein Konto füllte sich und war nicht mehr hohl.
Erfreuliches war auch von den nicht mehr lichten
Sparbuchziffern zu berichten.
Sie erweckten in mir die Illusion
einer zukunftsträchtigen Wohlstandsversion.
Leider verwechselte ich in meinem fröhlichen Libretto
die Ergebnisse in brutto und netto.
Die Hiobsbotschaften kamen, die tristen,
mit dem Ablauf gewisser Termine und Fristen.
Steuern, Miete, Versicherungen, Gas,
Elektrizität, Abonnemente, ich biss fast ins Gras.
Die Sparbuchzahlen waren wieder zerronnen,
das gähnend leere Konto wiedergewonnen.
Die Wohlstandsvision entschwand vollkommen.

Zürich, 21.06.1983

Formularia

Ich bereite mich vor auf die Tropen,
um Märkte zu bewundern und Antilopen.
Ich wähnte mich gegen Krankheiten und Leid
dank Impfungen gefeit.
Ohne eine Gefahr zu wittern,
packte mich das Zittern.
Meine Hand war irresistent
gegen Formularentrend.
Meine Rechte zuckte Nummern,
von Pass, Geburt, ich konnt' nicht schlummern.
Das Zucken verbreitete sich mit Insistenz
und wachsender Heftigkeit, wie Pestilenz.
Ich blieb zwar verschont von Malaria,
doch befallen von Formularia.

Lomé, 11.11.1983

Gleichzeitbeschäftigung

Ich bin eine vielbeschäftigte Person,
die weder Widerspruch erträgt noch Hohn,
gewöhnt, anzugeben den Ton.
Meine Zeit ist knapp bemessen,
Zeitvergeudung würd' mich zerfressen,
von Zeitausnutzung bin ich richtig besessen.
Meiner Einstellung natürliche Konsequenz
ist eine gleichzeitige Tätigkeitskohärenz
mit einer radikalen Zeitspartendenz.
So saß ich eines Tages an des Tisches Rand
mit gefülltem Weinglas in der Hand,
meine Teilaufmerksamkeit den Gästen zugewandt.
Eine weitere Teilaufmerksamkeit galt einem Artikel,
den ich grad las über ein neues Vehikel,
als mich eine Fliege respektlos störte – als wär ich ein
Karnickel.

Ich schlug hart zu und verletzte meine Nase,
löste Entladungen aus in meiner Blase
und verschüttete Wein von meinem Glase.
Ich war von außen besprenkelt, von innen nass,
voller Wut auf die Fliege, die auf meiner Lippe saß,
und beobachtete das Schmunzeln der Gäste mit Hass.

Zürich, 03.07.1983

Höflichkeit

Ich stand neben einem Bekannten am Pissoir
und dachte konzentriert im Gehirncouloir,
ist es angepasst, jetzt grad,
ihm zu wünschen „Guten Tag"?
Er beendete seinen Überdruck mit Strecken
und begab sich herüber zum Becken.
Dort war er beim Zähneputzen, wie mir scheint mit Gram,
als ich zum danebengelegenen Waschbecken kam.
Ich sammelte zum Guten-Tag-Gruß Höflichkeit und Mut,
den er schäumend beantwortete, voller Wut.
Bei seiner Beantwortung in verzerrten Posen
rann ihm Zahnpasta auf Hemd und Hosen.
Er wurde zu Recht ganz bleich und wild
und ich erschien nun als verzerrtes Bild.

Die Moral von der Geschicht':
Weder Pissoir noch Beckenstelle
ist eine gute Höflichkeitsquelle.

Zürich, 17.06.1983

In und aus dem Hades

Meine Frau ist charmant,
sie ist galant, interessant
und handelt ab und zu frappant.
Sie schickt mich in Tod und Graus
und fischt mich von dort wieder 'raus.

Zürich, 14.04.1985

Irreleitung

Im Rijksmuseum in Amsterdam
genieße ich nicht der Stunde Gunst,
denn Überdruck droht zu brechen den Damm
inmitten tief atmender Kunst.
Mit der Landessprache wenig vertraut,
laufe ich zur Toilette rasant –
im Innern zusammengestaut –
immer beschrifteten Pfeilern entlang.
Es könnte jedem wie mir ergehen,
der allein auf seinen Instinkt sich verlässt,
ich lande ganz unvorhergesehen
vor Rembrandts „Nachtwache", völlig durchnässt.

Und die Moral von der Geschicht':
Es genügt nicht Pfeilern nachzuspüren,
man muss auch beachten, wohin sie führen.

Zürich, 03.09.1987

Männeremanzipatorisches Klagelied

Menschen sind in Hierarchien unterteilt,
in denen die Menschheit periodisch verweilt.
Da gibt es eine Geschlechtshierarchie,
zweistufig pendelt sie zwischen „er" und „sie".
„Er" schwingt oben auf im Patriarchat,
„sie" gewinnt Oberhand im Matriarchat.
Dazwischen gibt es eine Übergangsphase,
man nennt sie Emanzipationscourage.
Wir haben kürzlich diese Phase überschritten
und erleben jetzt matriarchalische Sitten,
bei denen die Sprache durch Verfraulichung geprägt,
den neuen Herrschaftsverhältnissen Rechnung trägt.
Ich wurde zu einer verirrten Maus,
fand weder frauein noch frauaus.
Manche Dame wurde geprägt mit Wucht
von einer überfraulichen Frauschaftssucht.
Die Zeit war wahrlich dämonisch,
so manche Dame benahm sich damoisch.

Ich wohne unter Hausarrest in meiner Frausarde,
bewacht von einer sturen Frauengarde.
Fraugott, sind das Zeiten,
ich würde am liebsten suchen die Weiten.
Stattdessen versteck ich mein Damuskript,
geschrieben in meiner Nichtfrauenschrift
und warte horchend, auf dem Parkett mein Ohr,
auf Ablösung von diesem Weiberterror.

Zürich, 21.04.1984

Meine Skischuhe

Meine Skischuhe haben's nicht leicht,
doch sie haben schon ein hohes Alter erreicht,
sie zeigen noch keine Falten, die Strammen,
und sind schon doppelt so alt wie all unsere Kinder
zusammen.

Meine Frau, die treue Seele, mag sie nicht mehr,
ich aber hänge an ihnen sehr,
sie findet, es sei Zeit, dass die alte Generation einer
neuen, weiche
und ich meine, erst über meine Leiche.

Arosa, 12.01.1989

Trauerrede für mein Lavabo

Wir haben ein schönes Porzellanlavabo,
es zeigte Würde und Haltung in seiner Lage beim Klo.
Seitdem meine Frau mit der Waschmaschine in
    Schwierigkeit gerät,
hat sie ihr Tätigkeitsfeld zum Lavabo verlegt.
Vergangen ist die Zeit, ich lass' mich da nicht blenden,
als das Lavabo sich in Würde ließ verwenden.
Es derart umzufunktionieren, war das wirklich nötig?
Es ist zwecklos, drüber nachzudenken und dennoch tu'
    ich's stetig,
denn in der Badewanne die Zähne zu spülen fällt mir
    nicht leicht,
während mein Lavabo einem
    Schmutzwäscheaufweichbecken gleicht.

Celerina, 24.01.1988

Verwechslung

Ich ließ – so ein Dessert ist kaum noch zu kriegen –
meine gute Laune bei den Dessertresten liegen.
Aus dem Restaurant trat ich mit üblem Gemüt,
vom Begleiter verursacht, diesem Giftgeblüt.
Das üble Gemüt war nicht abzuwetzen,
an der frischen Luft auch nicht abzusetzen.
Nach Verabschiedung von meinem Geleit
kehrte ich zum Restaurant um, befreit.
Nein, ich hatte weder Schirm verwechselt noch Hut
    bei der Garderobière,
nur schlicht und einfach
    die Stimmung beim Dessert.
So nahm ich die gute Laune wieder mit
und ließ das üble Gemüt im Restaurant zurück.

Zürich, 01.04.1984

Zu essfreudig

Ich überlege, seitdem meine Hosen nicht mehr
  zugegangen,
sind sie denn eigentlich eingegangen
oder bin ich trotz aller Vorsätze aufgegangen,
und habe Angst vor dem Schluss, ich hätt' Sünden
  begangen.

Zürich, 12.01.1989

Unter Druck

Verehrter Leser, bitte nicht lachen,
es handelt sich um ernste Sachen.
In einem Restaurant rannte ich wie um die Wette
mit einem anderen Gast auf die Toilette.
Ich sprang in den ersehnten Ort wie ein Tiger
und blieb knapp, aber eindeutig Sieger.
Draußen klopfte der Konkurrent vehement,
drinnen lief leider auch nichts dezent.
In beider Hosen war Abfall gesät,
denn ich stand zu früh auf, für ihn war's zu spät.

Tel Aviv, 22.05.1986

DIE TÜCKE
DES OBJEKTS

Zum Kuckuck

Ich blickte häufig scharfen Blicks
auf meine Kuckucksuhr mit ihren Ticks.
Sie machte ständig neue Tricks.
Eines Tages hörte ich 'nen Klicks,
von da an blieb sie stehen fix
und zeigte je einmal pro Tag und Nacht die richtige
Zeit – sonst nix.

Zürich, 02.08.1983

„Lobpreisung" der Technologie

Technologie ist vollgespickt mit Prozessoren,
sonst aber etwas kahlgeschoren.

Sie übt am humanitären Fach Verrat
und geht unter im Kabelsalat.

Zürich, 21.09.1987

Ferienretrospekt

In Schlamm getauchte Waden,
verfaulte Äpfel, im Magen Maden,
zusammengestauchter Wagen,
„verdammte Idioten", geplatzter Kragen.

Zürich, 03.07.1984

Mein faschistischer Wasserhahn

Der Wasserhahn hörte schon längstens auf zu fließen,
um Grüne und Grünes zu begießen.
Als ich ihn heute aufdrehte,
spürte ich, wie er Winde wehte,
hörte ihn summen und hauchen,
später brummen und fauchen.
Meine Hand fasste nach einem Schwamm,
da bedeckte er mich mit braunem Schlamm.

Zürich, 12.02.1985

HUMOR
UND TIER

Kennst du das Land, wo die Ameisen wühlen

Willst du, dass ich dich preise –
faul wie du bist – und wie du denkst – auch weise,
dann buche nicht die Reise
ins Land der fleißigen Ameise
und fährst du hin, so verhalte dich wenigstens leise.

Zürich, 25.05.1985

Souvenire

Sie waren vom Reisen ganz besessen
und von Würmern angefressen.
Vom Besuch bei den Nomaden
brachten als Andenken sie die Maden.
Mit tropischer Protozoensahne
beschenkten sie ihre Organe.
In ihre Därme drangen Spulwürmer,
zunächst eine Auswahl erster Stürmer.
Wie eine organische Mine
folgten ihnen Trichine.
Amöben in ihrem Organenbrei
nahmen als Souvenirs sie mit, zollfrei.
Der Tropenarzt zu Hause
machte ihnen eine Vorwurfsbrause.
Ihrer Leidenschaft für die Souvenirsherden
müsse Einhalt geboten werden.

Zürich, 18.12.1982

Der Mückenliebling

Es war der Natur Tücke,
ich sonnte mich, als glücke
Entspannung mir, doch Stücke
riss aus mir die Mücke.
Sie stach mich so, als schmücke
in Rosen sie mein Genicke.
Aus dem Strauchgestricke
folgten weitere Mücken, schicke.
Von Ohr zu Ohr 'ne Brücke
bissen sie ohne Lücke.
Sie freuten sich ganz dicke
am süßen Fleischgepflücke.
Seither den Kopf verrücke
ich schier, wenn ich nur nicke.
Ausweichend dem schweren Geschicke
verstochener Süßblüter drücke
ich hinter der Wand mich und bücke
mich weg vom Naturglücke – der Mücke.

Zürich, Juli 1982

Der fleißigste aller Papageier

Unser Papagei mit seinem orientalischen Schnabel
biss dem Gast direkt in den Nabel,
trank und aß mit Löffel und Gabel,
biss dann durch das elektrische Kabel
und erzählte uns in der Dunkelheit 'ne Fabel.

Zürich, 09.08.1983

Der Opfergang

Es gab einmal ein Huhn,
das hatte immer viel zu tun.
Es wurde mit Würde alt
und opferte sich der Gewalt,
es wollte nicht seiner Überzeugung weichen,
um ein hohes Ziel zu erreichen.
Es wär' wie Methusalem alt geworden,
wäre es eines natürlichen Todes gestorben.
Es ließ sich in hohem Alter schlachten mit Lust,
denn es war sich seiner Zähigkeit und schlappen Haut
    bewusst.
Wir lieben knusprige Frische,
ungenießbar landete es auf unserem Tische.
Seine Haut steckte gleich Spänen
zwischen mancherlei Zähnen.
Es machte keinen Spaß, sich abzuquälen mit seinen
    Sehnen,
die ließen sich nicht durchbeißen, nur ein wenig
    dehnen.

Mein Nachbar rackerte sich ab mit seinem Mundgebein,
warf sein Gebiss zu Boden und schrie „friss" allein.
Der Opfergang des Huhnes hat sich gelohnt,
dem Fleischgenuss, der in uns innewohnt,
hat an diesem Abend so mancher abgeschworen,
eine neue Vegetariergemeinde war geboren.

Tel Aviv, 20.09.1988

Der Tierfreund

Unten knabberte die Maus,
oben, auf der Maus, die Laus
als erste Gäste im freundlichen Haus.
Noch viel Ungeziefer kam zum Schmaus
und aß sich voll in Saus und Braus.
Der Tierfreund brachte sie nie mehr raus.

Zürich, 04.06.1984

Des Gefieders Tätigkeit

Ich habe ein Fahrzeug, das vermehrt
von allen Seiten bewundert wird, verehrt.
Rot metallisé, herrlich belackt,
würde es glänzen, wär's nicht bekackt;
es wird nämlich auch geliebt von jedem Gefieder
und genießt nicht nur dessen Lieder.

Zürich, 27.05.1985

Der menschenfreundliche Affe

Er frage sich, warum ich so gaffe
und an einer Keramikkaraffe
geistesabwesend manipuliere und schaffe;
warum ich mein Mundwerk ständig aufklaffe,
meinen ganzen Mut zusammenraffe,
die Muskeln verkrampfe, verzerre und straffe,
den Hals verrenke wie 'ne Giraffe
und mich aufführe wie ein unmöglicher Laffe.
Schließlich sei er ja der Affe!

Er sei menschenfreundlich wie ein Pfaffe,
harmlos und gutmütig – seine einzige Waffe
sei nur die Pfeife, an der er grad paffe.

Zürich, 24.03.1983

Zivilisationstyrannei

Der Hase voller Hast
rast aufs Ziel los, ohne Rast,
loszuwerden Festballast
und den Druck der Flüssiglast.
Er erreicht den Rastplatz fast.
Jetzt sitzt der Arme fest als Gast
im Gitterstäbenknast.

Zürich, 28.10.1983

Die Katze

Beim Vier-Uhr-Tee-Geschwatze
wachte auf die Katze,
sprang mit einem Satze
von der Bettmatratze
zu einem „Teegeplatze".
Sie beehrte eines Gastes Glatze
mit einem Edelgekratze,
sah dessen Flucht mit schnalzender Fratze,
winkte ihm nach mit einer Tatze
und begann mit dem Großgeschmatze.

Zürich, 21.10.1983

Die gerissene Katze

„Aus dem Loch kann ich heraus",
sagte sich die „kluge" Maus,
„denn ich hör' nicht mehr Miau,
nur noch ein Wau Wau.
Vertrieben hat die Katz' der Hund
und mit dem steh' ich gut im Bund."
Selbstsicher verließ die Maus das Loch,
und ehe sie Gefahr noch roch,
schnappte sich die schlaue Katze
die „kluge" Maus mit ihrer Tatze.
Beim Verspeis' vom Leckerbissen
meinte schmatzend sie gerissen:
„Lieber fremde Sprachen kennen
als der Beute nachzurennen."

Zürich, 26.05.1987

Hundeschicksal

Da sprach die Katze zum Hund:
„Öffne nicht so deinen Schlund,
zur Einbildung hast du keinerlei Grund.
Ich tue dir hiermit kund,
dass ich geschlossen habe einen Bund
mit and'ren Haustieren – und
nach unserer Entdeckung, unserem Befund,
ist deine Macht im Abklingen, im Schwund."
Der nicht mehr privilegierte Hund
riss d'rauf endlos auf den Mund,
lief rasend herum, um sich selber rund
und biss sich den Körper und den Schwanz ganz
wund.

Zürich, 26.06.1983

Völkerwanderung

Sie stiegen auf aus Kleidergrotten,
Flöhe, Wanzen, Schaben, Motten,
und ließen sich nieder, hartgesotten,
in Heeresscharen und in Flotten,
zwischen Resten von Karotten,
in Haaren, Ritzen und Klamotten.

Zürich, 09.01.1983

Schlechter Einfluss

Er hatte als Freundin eine schamlose Nudel.
Sie schleppte ihn zu einem ruchlosen Rudel,
wo er seine Manieren vergaß – als nobler Pudel
und sich mit den anderen in einen Sprudel
begab, in einen sagenhaften Sudel.
Zuletzt verspeiste er mit seiner Nudel noch des
    Herrchen Strudel.

Zürich, 29.05.1983

Schwein gehabt

„Schwein hatte ich ungemein",
sagte sich das Schwein,
„eine Sau gefunden zu haben, so zierlich und klein,
so anziehend, edel und fein.

Ich bin jetzt nicht mehr allein
und mein Stall ist endlich rein.

Ich trete aus unserem Schmutzverein."

Zürich, 15.03.1987

Schweinische Erkenntnisse

Wir geben hier wieder einen Auszug aus dem Bericht
der Kommission zur Wahrung vom Schweinegesicht.
Er fand einen überraschenden Widerhall
beim Konvent im großen Bezirksschweinestall.
Die Kommission aus drei Ebern und einer Sau
verfasste ihren Bericht unzimperlich, genau:
Was für uns Männerei, ist für die Menschen eine
    Schweinerei.
Eine Frauerei nennen sie mit üblem Nachgeschmack
    ‚Sauerei‘.
Einer guten Beziehung zwischen Mensch und Schwein
stellt gegenseitige Missachtung ein Bein.
Bekanntlich ist ein oberstes Gebot für Groß und Klein:
„Ein Schwein ist immer rein“.
Für den Menschen, das machte uns stutzig,
sind wir alle einfach schmutzig.
Dabei genießen sie unseren Speck
und erlaben sich in Fett und Dreck.
Kot, Kloake, Fäkalien
sind für sie Naturalien.

Ihre Extremitäten, prädestiniert Unrat zu entfernen,
verwenden sie, um raufen zu lernen.

Sie halten uns für sparsam,
in unseren hölzernen Nachbildungen Moneten in
Gewahrsam.

Es gibt auch Warzen- und Stachelleute;
für letztere sind Mitmenschen 'ne Zungenbeute.

Unser Kommissionsmitglied, die Sau, nannten sie
dumm
und lachten sich krumm, weiß der Teufel warum.

Wir sehen keinerlei Grund,
uns zu verschmelzen mit einem Hund.

Schweinehund ist nicht etwa ein Kompliment,
sondern eine Kreation im menschlichen
Geistesferment.

Schwein haben heißt bei Mädchen und Knaben,
nicht Schweine besitzen, sondern Glück haben.

Wir kamen einhellig zum Schluss,
der Umgang mit Menschen ergäbe Verdruss.

In Übertragung ihres Sprachgebrauchs sind Menschen
    runde,
fraudumme Männerhunde.
Wir hatten richtig Mann, dies rechtzeitig zu erkennen
und nicht in eine Blamage zu rennen.
Vor wem sollen wir das Schweinegesicht aufpolieren,
doch nicht vor diesen Menschentieren!
Die Kommission empfiehlt, das Schweineimage
    schlummern zu lassen
und wichtigere Aufgaben anzufassen.

Zürich, 25.02.1984